Sichtweiten

Lyrische Werke

Eine Komposition diverser Themengebiete mit

weitreichenden Ansichten.

© 2019 Max von Hohnstein,

Herstellung und Verlag:
BoD – Books on Demand, Norderstedt

ISBN: 9783749481224

Abfolge

Einlass

Von Geburt an wirst Du mit Deiner eigenen Steuernummer
identifiziert.

Somit bist Du ab der ersten Sekunde Deines Lebens mit einer
Schuld belegt.

Erstmal nur statistisch.

Irgendwann kommt der MikroChip

unter die Haut.

Sobald die meisten Hirne der Mitmenschen erweicht sind,

um dieses Instrument gesellschaftsfähig zu machen.

Du trittst somit ein in eine unfreie Welt.

Willkommen!

Gesellschaftszwang

Man schaut Dir genau auf die Finger.

Passt der Job? Hast Du einen?

Was machst Du den ganzen Tag?

Mit welchen Personen verkehrst Du?

Passt das zu Dir?

Wird es nicht endlich Zeit für eine Familie.

Hast Du Dir schon Gedanken gemacht, was mit Deinem

Lebensabend ist?

Dein Umfeld weiß was zu Dir passt.

Tipps haben sie mehr als genug.

Nur die wahre Unterstützung fehlt.

Na, da musst Du Dir schon selbst helfen.

Wozu brauchst Du dann das Geschmeiss um Dich herum?

Sinnvoll ist es, sich der Belastung zu entledigen. Und ohne

Reue, dass zu tun, was für einen richtig erscheint.

Zivilcourage

Ist ein Unternehmer, der dem Staat sein aufgezwungenes Steueraufkommen vorenthält.

Denn er bringt sich selbst in Gefahr und erteilt der Gesellschaft einen Gefallen.

Er füllt nicht weiter die Kriegskasse.

Vernunft

Ist auf dem Rückzug begriffen.

Die Entscheidungen werden nun unter dem moralischen Deckmantel getroffen.

Denken und Handeln sind nicht mehr kompatibel.

Idealismus und Ideologie ersetzen nun das wichtige Instrument der Rationalität.

Selbstverantwortung

Wenn die Zeiten später werden.

Wird sich zeigen.

Wer am besten durch das Dunkel kommt.

Wenn die Sonne scheint.

Ist alles gut.

Der Weg gut ausgeleuchtet.

In den kommenden Zeiten.

Kann man nur noch seinem Instinkt folgen.

Selbstreflexion

Verschließe ich mich vor der Welt.

Geht es mir besser.

Nehme ich das Elend wahr.

Ignoriere ich den Wahnsinn.

Egoistisch genug um Nachwuchs zu zeugen.

Strudel

Bist du einmal im Sog gefangen.

Sind Verletzungen unausweichlich.

Vielleicht kannst Du Dich befreien, aber die Nachwirkungen

halten Dich immer noch vom Ich-Sein ab.

Denktiraden werfen Dich zu alten Mustern

zurück.

Nur eins hilft.

Den Stöpsel der Ruhe zu implizieren.

Selbsterhalt

Für die Menschheit ist es zu spät.

Irreparabel sind die Schäden an Natur und uns selbst.

Jetzt noch mal eine Schippe drauf.

Lieber mit Vollgas als nur rutschend in die Katastrophe.

Die Vorstellung des Menschheit's Endes ist nicht gegeben.

Die Einsicht ist nicht da.

Es wird schon jemand richten.

Aber nein!

Das Elend wird allumfassend zuschlagen.

Selbst ist der Nächste.

Das Zeitalter annehmen und nutzen.

Klimawandel nutzen.

Selbstverweigerung

Der Denunziant gewinnt nicht,

Nur weil er im Augenblick die scheinbare Mehrheit besitzt.

Er richtet sich gegen den vermeintlich Schwachen.

Übersieht in seiner Ignoranz jedoch die fehlende Weitsicht.

In naher Zeit holt ihn seine Selbstgerechtigkeit ein und

führt zu seinem unweigerlichen Untergang.

Selbstverständnis

Hat man was zu sagen.

Sag es.

Ansonsten

Mund zu.

Nichts Sinnvolles beitragen zum Allgemeinwohl.

Das nennt man heute Politik.

Sich der Sache stellen mit Vorsicht und Intelligenz.

Im Hintergrund und wenn's sein muss radikal.

Mit Bedacht und mit Entschlossenheit.

Mit Überblick und ungetrübt.

Emotionsneutral und sachlich.

In jedem Fall.

Sauber und Rückstandsfrei.

Selbstironie

Rückblickend.

Die Fehler ernst nehmen.

Nicht noch mal in die Falle tappen.

Sich nicht zu wichtig nehmen.

Sich aber lieben.

Fehleinschätzungen wagen.

Handeln mit Risiko.

Als

Vorsichtiges Nichtstun.

Sich für Feindseligkeit freuen.

Als

Form der Anerkennung.

Und

Aufmerksamkeit.

Selbstfindung

Liebe Dich selbst.

Lerne Dich kennen.

Nimm Dich wie Du bist.

Sei Du selbst und verlasse Dich auf Dich.

Hab Mut und zeige es nach außen.

Überprüfe Dich und finde heraus, wer Du bist.

Schau und konzentriere Dich nur auf Dich.

Selbst ist das Ich.

Ego ist wichtig.

Ego ist gut.

Ego bist Du.

Lebe Dein Leben.

Selbstkritik

Tun wir genug...?
Um den Ärmsten einen besseren Weg zu ebnen?

Die Schwächsten zu schützen?

Die Tyrannen zu entmachten?

Sich der gesetzgegebenen Dummheit
zu entziehen?

Warum lassen wir den Wahnsinn geschehen? Obwohl wie
wissen, dass wir einschreiten müssten.
Die gesetzten Themen, die an uns herangeschmissen
werden.
Sind nichts wert.
Nur mit Denken und Intuition kommt man einem Besseren
entgegen.

Der Einzelne

Ist wichtig.

Das entscheidende Rädchen im großen Ganzen.

Denn multipliziert ist Jeder die Mehrheit.

Die Erkenntnis muss wachsen.

Sich durchsetzen und zum Durchbruch führen.

Siechtum

Die Ungerechtigkeit und Ungereimtheiten treten immer offener zu Tage.

Themen, die immer brisanter werden.

Zunächst verschwiegen.

Dann verleugnet.

Später verharmlost.

Nun angesprochen, ohne zu Handeln.

Immer weiter vertagt.

Bis nichts mehr zu retten ist.

Das ist der Geist der heutigen Politikgesellschaft.

Gemeinwesen

Der Staat ist statisch.

Die Bevölkerung flexibel.

Ergänzen Sie sich.

Oder passt es nicht zusammen?

Der Eine gibt, der Andere nimmt.

Die Verhältnisse sind nicht eineindeutig.

Ausnahmen über Ausnahmen lassen das Einheitsgefühl schwinden.

Geschwächt durch die gesellschaftlichen Symptome.

Muss die Gemeinschaft zu sich finden.

Oder stirbt sie den Heldentod.

Zäsur

Informationen sammeln.

Bewerten nicht Anderen überlassen.

Das Allgemeingültige hinterfragen.

Massenhysterie nicht folgen.

Verstand einschalten.

Moden nicht anschließen.

Bei sich bleiben.

Stille Revolution

Institutionen verlieren an Zustimmung.

Gesetzmäßigkeiten verlieren an Wert.

Frei und mit Herz nimmt der Mensch sein Leben selbst in die Hand.

Mit Geist, Seele und spiritueller Kraft,

Geduld und dem Gefühl für die kommende

Epoche entsteht der Blick zur Zeitenwende.

Das veraltete Fundament wird abgetragen und das

verweste Elitäre wird bald in Vergessenheit geraten.

Das Licht setzt sich durch und die dunkle Wahrnehmung

weicht, zweifelsfrei.

Entfremdung

Die Veränderungen sorgen für eine Zerreißprobe mit sich selbst.

Erwachsen werden.

Dem Alter entgegen.

Die heutige Zeit.

Die neue Zeit.

Geliebtes wird weggewischt.

Halt zerbröselt oder fehlt gar gänzlich.

Orientierung nach nichts.

Alles grau und bla bla

Eindeutig in neuer, alter Form

Wären Medien und soziale Netzwerke als Stummfilm konzipiert.

Dann wäre deren Konsum nur halb so schlimm.

Freisein

Wenn mir Grenzen von anderen gesetzt werden.

Ist da der Freiheitsgedanke noch möglich?

Lassen Institutionen meine Freiheit zu?

Lässt das Leben Freiheit zu?

Ist die Illusion der Gedanke oder die Umsetzung?

WeltenGeld

Wenn die Bank Geld der Firmen besitzt.

Wenn die Bank der Gläubiger

der Staaten ist.

Wenn die Bank Geld erschafft.

Wenn die Bank Geld vermehrt.

Und nur die Bank die Regeln für Geld erschafft, durchsetzt
und kontrolliert.

Wie kann dann ein Mensch außerhalb des Bankenwesens
der reichste Mensch der Welt sein?

Unmöglicher Schwachsinn, den die Masse frisst, wie den
giftigen Mampf, den sie täglich vertilgt.

Zwischentöne

Stören das innere Gleichgewicht.

Können aber auch als Signal verstanden
werden.

Oder als ungegorne Anmerkung erkannt werden.

Sollten manchmal ignoriert werden.

Musisches Profil

Gedudel zwischen Leberwurst und Gossensprechgesang mit anteilnahmslosen Gesäusel.

Oder

Weichpasten-Pop für Diversität.

Gute Vibes sucht man vergebens.

Jeder will das schnelle Geld.

Immer der gleiche Schinken.

In den Videos Leasingautos,

Blender und bedruckte Papierschnipsel,

Sneaker aus Asien.

Als Kulisse dient die abgeranzte Vorstadt.

Stilloser, inhaltloser Müll für die Vor-Greta-Generation.

Einsilbig

Heute geht die Meinung in eine Richtung.

Wer diese nicht mitträgt, ist außen vor.

Gehört nicht dazu und muss dringend belehrt werden.

Toleranz ist eine Einbahnstraße und die Meinung gehört dem

Staate.

Angst

Ist der Antrieb der Industrie.

Der Wirtschaft des Staates.

Der Bevölkerung.

Die Waffe der Medien.

Der Sinn manches Individuums.

Der Spiegel und das Resultat der Macht.

Generationswechsel

Es scheint die Menschen werden immer ich-bezogener und einfacher in ihrer Denkstruktur.
Sie lassen sich mindestens genauso gut manipulieren, wie die Menschen zuvor.

Ändern sie was mit Demos?
Vielleicht.
Für sich.
Die Gesellschaft werden sie wohl nicht retten.
Aber ein gutes Gefühl transportieren.

Arglos

Vertrauen in den Staat ist wie eine Wette in die Zukunft.

Nur hat die Wette eine höhere Quote.

In der Naivität steckt der Keim der Unterdrückung.

Die Hoffnung ist ein schönes Gefühl.

Aber auch trügerisch und gefährlich.

Bewusstsein

Die Augen geöffnet den Themen zugewandt.

Ist das Offensichtliche zu verhindern.

Oder sollen die Augen wieder verschlossen werden?

Bewusstlos

Wie vom unsichtbarem Geist getrieben,

irrt die Masse in der Gegend umher.

Ohne Ziel und Verstand folgen sie dem vorgegebenen

Rhythmus.

Werden sie erwachen oder im weiteren komatösen

Kollektivismus untergehen.

Scheinwelt

Willenserklärung kontra Realität.

Proteste sind wichtig.

Ändern aber nichts.

Der Plan einiger steht über dem gesunden

Menschenverstand.

Leider ist Politik nicht souverän und der Souverän kann

durch Politik nichts bewirken.

Eine Gesellschaft ist nicht existent.

Sie ist gesplittet in unzählige schizophrene Teile.

Zustand

Erwarte nichts.

Rechne mit Allem.

Glaube an Dich.

In der Gegenwart ist das Jetzt.

Urbaner Lifestyle

Tuchfühlung zum Nachbarn ist wichtig.

Der Rasenrobi schneidet fleißig.

Ein wenig grün, Stickoxide liegen in der Luft.

Doppelgarage mit Schnellader für den Hybrid.

Gute Taktung der S-Bahn.

Wichtig.

Mit dem Pedelec zur BiBo.

Die Radschnellstrasse den Fluss entlang.

Biergarten hat noch geschlossen.

Geh ich halt in die Eckkneipe.

Eigengebrautes Craft ist immer gut.

Ab und Heim.

Lärm des Flugverkehrs lässt langsam nach.

Die Nachbarn sind wieder mal zu laut.

Griff zum Telefon.

Sonst ist es ruhig hier.

Alles Eigennutzer.

Luxusgut

Wenn es alles zu Kaufen gibt und Größenordnungen jenseits von Gut und Böse.

Was gibt es dann noch, was einen besonderen Wert besitzt?

Die Erkenntnis, wie viel einem das Leben bedeutet.

Seinen Körper mit dem Geist zu verbinden und die Macht der Gedanken auf seine Umgebung zu testen und anzuwenden.

Vermüllung der Intelligenz

Eine Klientel, die den Ton der Straße vorgibt zu sein.

Kaum ein vernünftiges Wort bekommen sie raus.

Das Einzige, was sie lesen, sind juristische Texte.

Verstehen tun sie diese nicht.

Die Themen sind einseitig, niveaulos und ohne Haltbarkeit.

Die Parallelgesellschaften werden massentauglich.

Die neue Minderheit wird zur Elite unter sich.

Wissen, Geist und Visionen sind die Macht von morgen.

Die Oberfläche wird gestrafft und der Dreck perlt ab.

Jongleure führen durch das Programm

Mit fremden Geld kann man tun und lassen, was man will.

Wenn keine Verantwortung und Konsequenzen drohen.

Politclowns haben freien Spielraum, um Gelder zu verschwenden und zu veruntreuen.

Am Tropf der Lobbyisten lassen sie alles mit sich machen.

Nur noch die Gesetze durchdrücken, die sie als Vorlage von den Konzernen.

Ihre Berufung ist die devote Hingabe an das pure Böse.

Wahrheit

Wer kennt sie?

Wer weiß wo sie sich befindet?

Wolf im Wolfspelz

Sie verstellen sich nicht einmal mehr.

Sie kennen sich untereinander und tun nach außen so, als würden sie gegeneinander arbeiten.

Die Pläne werden gemeinsam geschmiedet und konsequent umgesetzt.

Es geht ihnen keineswegs um das Allgemeinwohl.

Es ist notwendig, das zu erkennen.

Die Dinge laufen nicht nach Naturgesetzen.

Es ist eine langfristige Planung von einer Gruppe von widerwärtigen Elementen.

Die seit Jahrhunderten in Familienbündnissen agiert und vor keiner noch so üblen Tat zurückschreckt.

Alles Unvorstellbare setzen sie in perfiden Taktiken in eine reale Tatsache um.

Zufälle werden mit Sicherheit durch viele durchdachte Schachzüge ausgeschlossen.

Die Verzahnung von Finanzwesen, Industrie, Medien, Politik und Bewegungen ist längst erfolgt.

Mit Nachdruck fällt die Maskerade und wenn die hässliche Fratze klar zum Vorschein kommt,

ist die neue Ordnung abgeschlossen.

Taktisch

Beobachten und Reagieren.

Sinnvoll agieren.

Unauffällig und auf leisen Sohlen durch die Welt.

Anpassen kann gut passen.

Gegen den Strom, aber nicht mit letzter Kraft.

Die Energie wird noch gebraucht.

Zufriedenheit

Ein Unwort in der heutigen Zeit.

Zudem noch negativ für das Wirtschaftssystem.

Besser Leben durch Zufriedenheit.

Ein besserer Mensch durch Zufriedenheit.

Ist der Mensch in Ordnung, ist es auch seine Umgebung.

Zufriedenheit, der Schlüssel zum Glück.

Der Verschluss für das Böse im Menschen.

Artikulation

Das Wort zu erheben, bedeutet genau das, was man sagen will.

Je nach dem, wer es wie benutzt.

Kommt der Sinn genau rüber.

Inhaltlicher Schwachsinn, bis hin zur eineindeutigen Sinfonie.

Moralisten

Die besseren Menschen der heutigen Zeit.

Sie debattieren über Alles und Jeden.

Zeigen mit dem Finger.

Wissen alles.

Meistens besser.

Ohne sie geht es nicht mehr.

Trotzdem tun sie nicht, was Sie verbreiten.

Meinungsfreiheit

Schöne freie Welt.

Wo die Meinungsfreiheit durch Gesetze eingeschränkt wird.

Gibt es dann eine gute und eine schlechte Meinung durch Reglementierung.

Wer legt so etwas fest?

Ist das der vorgegebene Weg zur Meinungsdiktatur, wenn die Falschen die Regeln bestimmen werden?

Meinungsfreiheit ist die Freiheit, alles zu sagen.

Egal, was und wem es gefällt.

Mahnung

Nicht nur die Geschichte sollte als Mahnung dienen.

Auch die Gegenwart.

In der selbe Fehler in neuem Gewand geschehen.

Die Zukunft besser machen.

Heißt den Kontext zu verstehen und nicht

fragmentarisch zu denken.

Treulose kleingeistige Häretiker

Erst beriefen Sie mich in ihren Kreis.

Ließen sich unterhalten und nutzten mich für ihren Vorteil.

Doch dann kam die Arroganz über sie.

Frech und dreist intervenierten sie.

Ihre vermeintliche Stärke hat keinen Wert.

Es spricht für sich, dass sie nur hinter dem Rücken intrigieren können.

Weil sie kein Rückgrat haben.

Asoziales Verhalten verjährt nicht.

Deshalb erhalten diese schwachen Charaktere ihre Schlussrechnung bald ohne Skonto.

Liebenswert

Menü I

Spaghetti Ruccola Pesto

Extrawelt Neuland

Gartenlimo orange

Menü II

Pesto Arrabiata mit Sardellen

David Bowie Disco King

Weißer Löwe von Graf Adelmann

Schöne fremde Stadt

Am Bahnhof angekommen, sind Dir die Gesichter nicht mehr bekannt.

Du läufst die Promenade entlang und fühlst Dich nicht mehr wohl.

Alles ändert sich.

Grün verschwindet. Klötze ersetzen das Schöne.

Eng ist es geworden.

Die Nachbarschaft ist Dir nicht mehr geläufig.

Als wärst Du neu hingezogen.

Aber Du bist einer der Letzten, der sich das Wohnen hier noch leistet.

Es aber eigentlich nicht mehr kann.

Du bist unfrei. Die Neuen fühlen sich gestört.

Von Dir.

Du passt nicht mehr in diese Gegend.

Die nächste Mieterhöhung wird Dich dann schon zu Vernunft bringen.

Obdachlosigkeit.

Immerhin eine Aussicht, aber keine Zukunft.

Ferngesteuert

Degeneriert und das eigene Denken verlernt.

Die Masse in die Falle gelockt, ohne es zu merken.

Ausbaden muss es jeder Einzelne.

Die Richtung wird vorgegeben und vom Pfad kommt bald niemand mehr ab.

Werden die nützlichen Idioten ihr Handeln jemals bewusst steuern können

und dann immer noch daran festhalten?

Beobachtet man den Alltag des und der Menschen, kommt man nicht umhin,
zu bemerken, dass sie ihre Handlungen nur noch im bewusstlosen Zustand vornehmen.

Digitale Revolution

Freiheit oder Freitod.

Selbstbestimmung oder Selbstbeschneidung.

Gut oder Schlecht.

Abhängig oder Unabhängig.

Förderlich oder Vorschub leistend.

Gut oder Böse.

Radikal und Raserei.

Unwiederbringliche Veränderungen.

Zeitenwende.

Umfeld

Was sich in kurzer Zeit verändert hat.

Wird sich in kürzester Zeit noch rasanter Wandeln.

Das zunehmende Wirrwarr und die Unordnung sind nicht aufzuhalten.

Es ist gar notwendig, um die nächste Epoche zu erreichen.

Drei, vier Jahre noch im Schwebezustand, dann wird das Chaos durch die Straßen ziehen.

Urbanes Volk

Plaste für den Kaffee Togo.

Kleingeld für den Dealer im Park.

Creative Jobs für die Wohnung in Bestlage.

Mundschutz gegen die Stickstoffoxide und fürs Fußballspiel danach.

Wochenende viel trinken und den Alltag vergessen, um sich im Alltag davon zu erholen.

Pendeln ist geil. Stau ist geiler.

Allein im Fünfsitzer hat man einfach mehr Platz.

Demos als sozialer Austausch.

Cafés sind zu klein dafür.

Wohlfühlen in dreckiger Nachbarschaft und einfach mal die Augen verschließen.

Spaltung

Ein Instrument, was lautlos den Takt vorgibt.

Es funktioniert ohne Zwischentöne.

Die Tonleiter wird dabei bis ganz nach oben klingen.

Der natürliche Feind...

Ist das friedliche Miteinander.

Dieser ist jedoch verpönt.

Also wird es dem Bösen doch wieder gelingen, sich des Menschen in seinem ganzen Zorn anzunehmen und zu bemächtigen.

Die Hoffnung, dass dieses Instrument bald verstummt.

Ist vergebens.

Zweiheit

Ein geteiltes Land bleibt geteilt,

wenn man mit aller Macht die Spaltung forciert.

Die Ungleichheiten vertieft.

Eine Seite demütig und immer wieder mit Häme und Hetze

überzieht.

Es ist für den Machtapparat ein gutes Instrument, um von

seinen kriminellen Handlungen abzulenken und

fällt auf einen fruchtbaren Boden bei denen, die seit

Jahrzehnten die gleichen Parolen inhalieren und so

manipuliert sind.

Dass sie alles Glauben. Selbst wenn sie in ihrer Realität was

ganz anderes erleben.

Zu spät ist es für sie eh schon.

Denn die tiefgreifenden Veränderungen der Neuzeit werden

sie gnadenlos überrollen und auffressen.

Jedoch werden Diejenigen, die immer warnten und

denunziert worden,

einen besseren Umgang mit dem neuen Zeitgeist finden.

Manipuliert

Diejenigen, die Hass und Angst in die Wohnzimmer senden.
Sind die Selben.

Die euch mit dummen Statistiken, Umfragen und Studien voll
müllen.
Repräsentativ ist hierbei schon der Promillebereich.
Hochgejubelt und über ihre Netzwerke verbreitet, soll der
Eindruck
der Wichtigkeit erweckt werden.
Dabei dient das Ganze nur zum Selbstzweck.
Ihr Einfluss ist nur so hoch, wie die Reichweite.
Erreichen sie Niemanden, erreichen sie auch nichts.

Das Marketing greift überall, denn alles wird heutzutage
verkauft.
Persönliches, Daten, Waren, Meinungen, Gesundheit, Leben,
Natur und Umwelt,
Klima, Angst und Schrecken.

Unversicherte Allgemeinheit

Wo ist die Leichtigkeit geblieben?

Alles will wohl überlegt sein.

Will man denn nix falsch machen?

Offene Gruppe im Kindergarten oder

doch eine mit Orientierung?

Diese findet sich immer schwerer.

Man ist so frei mit seinen vielfältigen

Entscheidungsmöglichkeiten.

Aber ist die Auswahl nicht doch zu riesig und droht einen zu

erdrücken?

Der Selbstbestimmte ist doch oft fremdgesteuert.

Wendeparasit

Aus der dritten Reihe

zur Ausbeutung und zum Selbstzweck gekommen.

Das beste unter den Nagel gerissen.

Die Einheimischen zur billigen Produktion missbraucht.

Um sie dann mit Untertiteln im TV zu diskreditieren.

Feige rum lügen, um die eigene Unfähigkeit zu kaschieren.

Okkupieren statt Vereinigung.

Die Gutsherren werden das Land dort hinführen.

Wo ihre Heimat stand, als sie diese verlassen haben.

Nichts ist von ihnen zu erwarten und noch einmal erhalten

sie nicht die Gelegenheit, ihr schädliches Handeln zu

wiederholen.

Zwischenmenschliche Anekdoten

Wüsste der Andere, was ich denke.

Würde er mich lieben.

Wüsste der Andere, wie sehr ich ihn liebte.

Würde er anders von mir denken.

Müde

Die Gesellschaft bringt mich um den Schlaf.

Matt und abgeschlagen nimmt der Alltag seinen Lauf.

Die Umgebung scheint hellwach und jeden

Sekundenschlaf zum Trotz wirke ich nicht ausgeschlafen.

Taumelnd durch den Tag gehangelt ist die schlaflose Nacht

so nah.

Mitgefühl, Mitgemacht

Siehst Du die Menschen, die in Mülltonnen

graben?

Nimmst Du den Menschen wahr, der zerzaust auf der Bank

herumlungert?

Siehst Du das Mädchen, das hungrig zur Schule geht?

Lebt etwa jemand in dem Auto, was völlig zugemüllt und mit

Schlafsack verziert seit Wochen vor Deinem Haus steht?

Warum geben Menschen, die es könnten, den Menschen

nichts von ihrem Wohlstand ab, um Anderen das Nötigste zu

ermöglichen?

Ist es nicht eine kranke Gesellschaft, die zulässt, dass

Menschenrechte nicht verwirklicht werden?

Das Bewusstsein muss klar dahin gehen, uns denen

anzunehmen, die unsere Hilfe brauchen.

Mutgemacht

Die junge Generation setzt neue Maßstäbe.

Vielleicht stürzen sie das Alte vom Sockel der Ignoranz.

Sind intelligenter im Sozialen.

Riechen den Braten und halten Abstand

von den Verführern.

Paradigmenwechsel und echter Fortschritt.

Handeln statt Quatschen.

Altes Ablösen, Neues Erschaffen.

Dunkelheit

Kein Schimmer zu erfühlen.

Alles unsichtbar.

Dunstige Kälte fällt herab.

Alles zu viel.

Kein Ende der Durststrecke zu erwarten.

Nur der Schlaf ist schön.

Alles bedrückt.

Tiefe

Im Unterbewusstsein begraben ist das Ich.

Man kommt schwer an es heran.

Aber es meldet sich unentwegt.

Es spielt mit Dir, wie mit einer Voodoopuppe.

Kontrolle ist eine Illusion.

Es macht mit Dir, was es will.

Das Ich

Erst wenn man weiß, wer man selbst ist.

Ist man auf dem Weg des Lebens angekommen.

Alles Andere ist nur dahin existieren.

Beobachter

Alles hetzt.

Aus Schwarmintelligenz

wurde Schwarmdummheit.

Alles folgt dem Gelde.

Was niemand kann ins Jenseits mitnehmen.

Was also treibt die Leute an?

Angst

oder

Furcht?

Vielleicht

Beides.

Charakter

Ist, wenn man nicht beobachtet wird.

Handeln, ohne Lorbeeren zu ernten.

Sich um Andere zu bemühen.

An sie zu denken und ihnen alles Gute zu wünschen.

Auch wenn man sich nicht mehr kennen will.

Beichte

Warum hab ich nicht mehr aus mir gemacht?

War so faul und intrigant.

Gott vergebe mir.

Die Anderen zog ich in meinen Bann, ohne es zu ahnen.

Nützlich waren sie allesamt.

Ohne sie wäre ich besser dran.

Politik

Altparteien in alten Kleidern.
Selbstgefällig und stinkend in der Gegend herum.
Keine Zukunft für niemanden.
Überholt und bald vergessen.

Die Fratzen wollen den Souverän weiterhin an der Nase
herum führen.
Ihr Marketing wird immer toxischer.
Doch das Gegengift ist bereits auf dem Markt erhältlich.
Ignoranz gegenüber den Ignoranten und der eigene
selbstgewählte Weg sprengen die Ketten der
Alternativlosigkeit.

Politisch ist nun mehr Alles.
Ob Nahrungsmittel.
Das Wetter.
Meine Fortbewegung oder
Meine Anziehsachen.
Nur meine Gedanken sind es nicht.
Sie sind noch frei.

Was hat Politik jemals positives erreicht....?

Nichts.

Brauchen die Menschen Politiker, um füh ihr Leben zu

Leben...?

Nein.

Warum lässt sich dann der gesunde Mensch von diesem in

sich geschlossenem Kreis alles auftischen und frisst die

Scheisse auch noch auf?

Bis zum letzten Bissen.

Und bedankt sich noch dafür.

Viel besser ist das Verhältnis des Bürgers zur Industrie.

Vergiftete Nahrung.

Hm, ja gerne.

Krankmachende Autos.

Hm, ja gerne

Plaste für alle.

Hm, ja gerne

Schuld für die Misere an Mensch Tier und Umwelt.

Hm, ja gerne

Von Medien beleidigen lassen.

Hm, ja gerne.

Wie soll so eine Gesellschaft den Wandel schaffen...?

Gar nicht!

Das Miteinander von einst ist zerbrochen.

Die Gierigen, die Menschenhasser werden alles

niedermachen...

....

Euren Fußball.

Eure Umgebung.

Eure Behausung.

Eure Ruhe.

Eure Gesundheit.

Euer Leben.

Alles das nehmen sie sich und erklären Euch zu den Tätern.

Warum...?

Weil ihr wohlstandsverblödet seid.

Politisch sein ohne Parteien
und Wohlstandspolitik.
Zusammenschluss ohne Parteibuch
mit dem Fokus
des gemeinsamen Ziels.
Im Trend und nun die Zukunft.

oder

Doch mit altbewährten Strippenziehern aus dem
Hintergrund.
Jung dynamisch und naiv.

Un(d//er)mensch

Menschen erfrieren.

Menschen sterben im Krieg.

Menschen werden allein gelassen.

Menschen zerstören.

Sich.

Menschen sind dumm.

Menschen verletzen.

Menschen töten.

Menschen halt.

Menschen sind Manipulation pur.

Menschen könnten alles ändern.

Menschen wollen sich zugrunde richten.

Menschen spalten sich.

Menschen finden auseinander.

Menschen entwickeln sich zurück.

Menschen sind ignorant.

Menschen achten nicht auf sich.

Menschen und Menschen.

Menschenwürde ist unantastbar.

Menschenwürde ist unsichtbar.

Menschenrechte stehen jedem Menschen zu

Menschenskinder sind wir,

Alle

Menschen sind lieb.

Menschen öffnen sich.

Menschen lieben sich.

Menschen fühlen mi.t

Menschen retten die Welt.

Politik lügt.

Politik ist unfrei.

Politik redet nur.

Politik ist nur auf sich bedacht.

Politik ist obsolet.

Politik ist Stigma.

Politik ist schlecht.

Politik macht alles erst schlimm.

Politik nützt nix.

Politik enttäuscht.

Politik ist seltsam.

Politik ist Selbstzweck.

Politik vergiftet.

Politik tötet.

Politik schafft Zwang

Politik ist Anschein.

Politik deprimiert.

Politik macht Abhängigkeit.

Politik ist intolerant.

Politik ist tragisch.

Politik spiegelt.

Die Geschichte.

Die Gesellschaft.

Politik verblödet.

Politik ist ungesund.

Politik ist pervers.

Politik ist System.

Politik ist nachlässig.

Politik wirkt

sich aus.

Politik nervt.

Politik hilft.

Nicht.

Politik beutet.

Aus.

Politik ist unehrlich.

Politik ist feige.

Politik ist parallel.

Politik schafft Probleme.

Politik ist die Konkurrenz.

Zur aufgeklärten Gesellschaft.

Politik ist Diener.

Der Falschen.

Politik stirbt aus!

Bewegungen

Sind die neue Partei.

Anziehungspunkt für junge Menschen.

Protestfähig.

Gemeinschaftlich.

Was will die Gesellschaft, was will der Mensch?

Immer mehr Hektik.

Immer mehr Stress.

Immer mehr Umweltzerstörung.

Immer mehr Menschenzerstörung.

Augen zu vor Kriegen.

Augen zu vor Unrecht.

Augen zu vor Leid.

Oder

Harmonie.

Einklang.

Liebe.

Zusammenhalt.

Solidarität.

Umsicht.

Dry Gin

In Gedanken pflücke ich den wilden Wacholder.

Ich kann ihn schmecken.

Nach Kroatien ist mein Sinn.

Mediterran und mild.

Fruchtig und grenzenlos ästhetisch.

Nur besonders bist Du zum besonderen Anlass.

Du bist ein enger Freund.

Bist da. Wenn man Dich braucht und belastest mich nicht,

wenn ich für mich sein will.

Jack ich liebe Dich...

Digital

Ist fatal für Mensch und Tier.
Ein Schimmer der Erleichterung
für wenig Humanes am Ende des Tages.

Mono sind nur noch die Pflanzkulturen,
wo einst der Orang Utan lebte.

Digital ist wunderbar.
In den richtigen Händen ist sie Gold wert.
Und auch für jeden einzelnen Nutzer von Vorteil.
In den Fängen des stumpfsinnigen Intrigantentums eine
Waffe mit ungeahnter Menschenzerstörungsenergie.
Hoffen wir auf das Gute.
Und das die Richtigen ihr Handwerk zum Wohle einsetzen
mögen.

Gegenwart

Plaste überall.

Dreckige Luft und dreckige Gesellschaft.

Das Denken ist nicht mehr massentauglich.

Individuell ist der kapitalistische Kadavergehorsam.

Menschen, die Eure Gesellschaft zusammenhalten,

verarmen.

Die Berserker, die sie spalten.

Werden geistig krank vom vielen Reichtum.

Die Mitte lässt sich zersetzen.

Bewegung

Ist gut für Körper und Geist.

Als politisches Mittel nur geeignet, wenn sie frei ist von

Parteipolitik und Personenkult.

Zeit

Verlorene Zeit wirst Du nie wieder finden!

Zeit rennt.

Zeit vergeht.

So schnell

So langsam

Messe sie nicht.

Nutze sie für Deine Zwecke

Abschluss

Ein Zeitalter mit vielen Interessen.

Vielen Individualisten.

Ausufernden Ideologien.

Meinungen, die sich nicht miteinander vereinbaren lassen.

Engstirnigkeit und Politikpopulismus.

Parallelwelten innerhalb der Gesellschaft

beschleunigen die Veränderungen in eine Epoche von

chaotischen Zuständen.

Mit offenem Ausgang.

Viel Glück!